शोख जज़्बाती एहसास

अरविंद

XpressPublishing
An imprint of Notion Press

XpressPublishing
An imprint of Notion Press

Old No. 38, New No. 6
McNichols Road, Chetpet
Chennai - 600 031

First Published by Notion Press 2020
Copyright © Arvind AKV 2020
All Rights Reserved.

ISBN 978-1-64805-234-7

This book has been published with all efforts taken to make the material error-free after the consent of the author. However, the author and the publisher do not assume and hereby disclaim any liability to any party for any loss, damage, or disruption caused by errors or omissions, whether such errors or omissions result from negligence, accident, or any other cause.

While every effort has been made to avoid any mistake or omission, this publication is being sold on the condition and understanding that neither the author nor the publishers or printers would be liable in any manner to any person by reason of any mistake or omission in this publication or for any action taken or omitted to be taken or advice rendered or accepted on the basis of this work. For any defect in printing or binding the publishers will be liable only to replace the defective copy by another copy of this work then available.

क्रम-सूची

1. अध्याय 1 — 1
2. अध्याय 2 — 3
3. अध्याय 3 — 5
4. अध्याय 4 — 8
5. अध्याय 5 — 10
6. अध्याय 6 — 11
7. अध्याय 7 — 12
8. अध्याय 8 — 15
9. अध्याय 9 — 17
10. अध्याय 10 — 19
11. अध्याय 11 — 21
12. अध्याय 12 — 24
13. अध्याय 13 — 27
14. अध्याय 14 — 29
15. अध्याय 15 — 31
16. अध्याय 16 — 33
17. अध्याय 17 — 34
18. अध्याय 18 — 36
19. अध्याय 19 — 38
20. अध्याय 20 — 40
21. अध्याय 21 — 43
22. अध्याय 22 — 45

अध्याय 1

ऐ मेरी ज़िन्दगी के चन्द खूबसूरत ल्महों, पगला हूँ मैं, ना दीवाना हूँ मैं,
ऐ खूबसूरत ल्महों इक तुमारी चाहत में लगता है, माहताब -ऐ- रुख्सार कशिश से महरूम हूँ मैं ।
ऐ मेरी खूबसूरत ज़िन्दगी, शिद्धीत-ऐ - जनून अरविंद के जज़्बातों को ना समझा तुमने, बस शायर मुझे बदनाम बना दिया,
ऐ ज़िन्दगी, गम किस बात का बल्कि खुशनसीब हूँ मैं कि तुम इस अंधेरे जहाँ में दोस्ती का इक रौशन दिया जला कर ना जाने कौन से शहर अपने मंजिल - ऐ-मुकाम को निकल गये ।
शुक्रगुज़ार हूँ तेरा, ऐ इन्तिहायी खूबसूरत ज़िन्दगी जो कुछ ल्महों के लिए ही सही,
मेरा रहनुमा बन कर तूने अरविंद को कुछ गिने - चुने पलों के लिये ही सही,
रूहानी - ख्वाबिदा दोस्ती से नवाज़ा तो सही ।
आज मैं ये कैसे कह दूँ कि दोस्ती हुई रुस्वा - औ - बेज़ार है,
मेरी ज़िन्दगी आज ना जाने कहाँ किधर खो गई,
ना जाने मेरी ज़िन्दगी के वो चन्द हसीं अफसाने कहाँ गुमनाम हो गए,
ऐ मेरी ज़िन्दगी, ऐ मेरे दोस्त, हमें हसरतों के साये में जीने को मजबूर तुम यूँ कर गए ।

शोख जज़्बाती एहसास

उम्र-ऐ - द्राज़ के ढलान - ऐ - सफर की शाम में अब कहाँ
ढूंढूँ इनको,
ये तो सामने हो कर भी यूँ अंजान हो गए,
आज ये मदमस्त, शोख, चंचल मैना हो कर भी ये किस
कदर बेज़ुबाँ हो गए ।
ऐ मेरी ज़िन्दगी के चन्द खूबसूरत ल्महों, ज़िन्दगी में जब
होश संभाला हमने,दोस्त हमेशा ही माना तुम्हें,
ना जाने हम ही क्यूँ मुजरिम थे,
हुई हमसे जो खता, क्यूँ तुम इस कदर खफा हो गए ।

ज़िन्दगी के इस सफर की शाम में जब हम मुस्सल्सल
रूहानियत के जज़्बे की रोशनी में खुद को देखते हैं तो बस
इक आह निकलती है,
शायद हम ही दोस्ती के काबिल ना थे, शायद हमारी रूह
में रोशन जज़्बात ना थे ।
ऐ मेरी ज़िन्दगी के चन्द खूबसूरत ल्महों, पगला हूँ मैं, ना
दीवाना हूँ मैं,
भूला नहीं हूँ मैं अब तल्क, अरविंद सब ज़ेहन में याद है,
वो शोख, चंचल, मचलती ज़िन्दगी के कुछ नूर- ऐ -
कयामत हसीं नज़ारों की रवानी,
ऐ मेरी ज़िन्दगी के चन्द खूबसूरत ल्महों, कुछ भी भूला
नहीं हूँ मैं,
इस ज़हन के एक कोने में सब यादें वाबस्ता हैं, अब तल्क
तरो - ताज़ा ॥

अध्याय 2

The trick has been brilliantly played by those few beautiful n melodious moments of my life,
No promises, no privilges, and even no obligations,
O those crazy moments of my life,
Arvind cherishes those flash twinkling of decency and liberty
with pretty gorgeous style.

It's not often that one finds the juncture so often prominent in the life,
No matter even if I fall thousand times,
I'll still try it eagerly every day,
each day and night.

O dear majestic n melodious life, If you couldn't understand me,
No issue, but don't be so rude, the materialistic world isn't everything,
the trick played with my soul n mind are really amazing n awesome,
No promises, no privilges, and even no obligations,
Ohhh...those crazy moments of my life.

शोख जज़्बाती एहसास

Enter Caption

अध्याय 3

शोख जज़्बाती एहसास

ऐ मेरी ज़िंदगी के *चंद* दिलकश खूबसूरत लम्हों,
उम्र की इस ढलती शाम में तेरा ज़िक्र भर ही
मन में उमंग जगा जाता है,
कोई शिकवा - शिकायत नहीं है तुझसे ऐ जिंदगी,
ग़र गम मिले हैं तुझसे तो वो मधुर संगीतमय तबस्सुम
पलों का एहसास भी तो मेरे साथ है,
वो इक नफीस गुलज़ार स्पर्श, वो शोख - चंचल ज़िंदगी के
वो महकते पल, कुछ भी तो भूल नहीं पाया हूँ मैं।

अब तो अरविंद एक लम्बा वक्त तय किया है हमने,
ज़िंदगी को अलग - अलग तरीके से जिया है हमने,
जानता और समझता हूँ मैं, अब ज़िंदगी के तरीके बदल गये,
अब तो ज़िंदगी के मायने ही बदल गये, वो दोस्त वो रिश्ते,
सब कुछ ही तो बदल गये,
अब हम क्यूँ मजबूर हो गए, क्यूँ ज़िंदगी को चाह कर भी
इसके नज़दीक ना हो सके हम।

ऐ शिद्दत - ऐ - नूर दिलकश ज़िंदगी, मुन्तजर हूँ मैं भी,
किसी मोड़ पर तो तुझसे मुलाकात होगी,
दीदार - ऐ - गुफ़्तगू की बरसात होगी,
अरविंद जब भी तुझसे रूबरू होंगे हम, तो ऐ हसीं ख्वाबिदा
ज़िंदगी, वो *चंद* दिलकश खूबसूरत लम्हे होंगे,
हर तरफ फैली चाँद की माहताब रौशनी होगी,
दुनियाँ में किसी की कोई भी बेबसी ना मजबूरी होगी,
बस यही ख्वाहिश के साथ ख्वाबिदा ज़िंदगी जी लेते हैं हम ॥

Enter Caption

अरविंद

अध्याय 4

ये मेरी ज़िन्दगी के चन्द खूबसूरत पल, कुछ बात तो है
इन रूहानी रुख्सार लम्हों में,
आज इन लबों पर बस तेरे ही ख्याल, तेरे ज़िक्र के अलावा
और कुछ भी तो जचता नहीं ,
आज आँख नम है तो अरविंद क्या कहे कि ये जज़्बा - ऐ
- ख़ुशी है याँ कि गम - ऐ - बरसात,
वक्त के सफर में अब एहसास - ऐ - ख़ुशी और एहसास -
ऐ -गम में कोई फर्क दिखता ही नहीं ।
उम्र - ऐ - द्राज़ के ढलान - ऐ - सफर की शाम में आज
ज़िन्दगी हमें कहाँ ले आयी,
कैसी ये इक सकून - ऐ -कशिश, आज क्यूँ हम खुद को
तन्हा महसूस करने लगे,
ऐ चन्द खूबसूरत लम्हों, अफसोस है कि मेरी खामोशियों
को बिल्कुल भी ना समझ पाये तुम,
ऐ चन्द खूबसूरत ल्महों,अपनी अना - ऐ - गरूर में ये
वजूद - ऐ - अरविंद को तुम क्यूँ दूर छोड़ आये ।

आज ये बीते वक्त की रवानी में वो रूह - ऐ - मुक्कदस
आफरीन ज़िन्दगी क्यूँ हुई शिद्धत - ऐ - बेज़ार है,
आज यह जज़्बा - ऐ - एहसास अपने में हैं गुम,
क्यूँ है ये इस कदर अंजान खोए से,
जैसे हों यह बेखबर - औ - नावाकिफ, अजनबी से,
ऐ ज़िन्दगी, अब इतना भी क्या मगरूर होना कि मुरादों

वाली रूह का ख्वाबीदा दीदार दूर तल्क कहीं दिखता नहीं ।
ना जाने क्यूँ ये एहसासों की महक फैली हुई है इस पूरी
फ़िज़ां, इस पूरी कायीनात में,
ऐ मेरी ज़िन्दगी के चन्द खूबसूरत लम्हों, नर्गिसी कशिश
है तुम्हारा ये रूहानी जलवा,
बस इक फल्क शायद हमें ही जीना ना आया,
कुछ तो शायद गर्दिश - ऐ - सितारों का खेल था और कुछ
थी शायद रब की मर्ज़ी,
ये मेरी ज़िन्दगी, इसमें अरविंद का क्या क्सूर था,
ज़िन्दगी ने जो दूर किया हमें अपने से, उस जुदायी को
बर्दाष्त कर ना पाये हैं हम,
ये तो कहर - औ - कयामत का जलज़ला है, क्या बतायें
ऐ दोस्त, इस रशक-ऐ - कमर की जुस्तजू में बीमार हम
हो गए ॥

अध्याय 5

—

नज़रों की वो बात थी, आग बरसाती वो तीर चलाती उन मस्त फिजां में एक चाह थी,
घूमती - लहराती वो चंचल मैना उस इक रब की एक शिद्दत - ऐ - नज़ाकत वाली इनायत थी,
झलक दिखला कर आँखों से ओझल होती वो गुलज़ार इक मौसम सदा बहार थी,
हम ही ना पहचान पाये जिस चमन को, ये कली तो खिली गुलाब की थी,
अरविंद के दर से होकर ना जाने कहाँ ये मैना किस मंज़िल की तरफ उड़ान भर गयी,
वक्त - ऐ - हालात के सूरत - ऐ - हाल लम्हों में कुछ ऐसे उलझे जीवन के ये तार,
हमें दुनियाँ की नज़रों में रुस्वा - औ - बेज़ार बना दिया,
जबाव हम भी दे सकते थे ऐ मेरी ज़िंदगी के चंद दिलकश खूबसूरत लम्हों,
लेकिन ये हमारी फितरत में शामिल ना था,
अरविंद तेरी सतरंगी नासाज़ अदाकारी के आगे सजदा कर दिया हमने।

Enter Caption

अध्याय 6

नज़रों की वो बात थी, आग बरसाती वो तीर चलाती उन मस्त फिजां में एक चाह थी,
घूमती - लहराती वो चंचल मैना उस इक रब की एक शिद्दत - ऐ - नज़ाकत वाली इनायत थी,
झलक दिखला कर आँखों से ओझल होती वो गुलज़ार इक मौसम सदा बहार थी,
हम ही ना पहचान पाये जिस चमन को, ये कली तो खिली गुलाब की थी,
अरविंद के दर से होकर ना जाने कहाँ ये मैना किस मंज़िल की तरफ उड़ान भर गयी,
वक्त - ऐ - हालात के सूरत - ऐ - हाल लम्हों में कुछ ऐसे उलझे जीवन के ये तार,
हमें दुनियाँ की नज़रों में रुस्वा - औ - बेज़ार बना दिया,
जबाव हम भी दे सकते थे ऐ मेरी ज़िंदगी के चंद दिलकश खूबसूरत लम्हों,
लेकिन ये हमारी फितरत में शामिल ना था,
अरविंद तेरी सतरंगी नासाज़ अदाकारी के आगे सजदा कर दिया हमने ।

Enter Caption

अध्याय 7

अरविंद

हमें अंदाज़ा नहीं था
ऐ मेरी ज़िंदगी के चंद सतरंगी खूबसूरत लम्हों,
जहां बैठ कर वक्त के सुनहरे पल गुज़रे थे,
आज उस जगह को सूना देख दिल उदास है।

ये सिर्फ हरी घास का मैदान नहीं,
ये वो साज़ हैं जो इस मन को सुकून पहुँचा जाते हैं,
मन ही मन उस नूर - ऐ - रूह को
ये अरविंद सजदा कर जाते हैं।

अंदाज़ा ना था उम्र - ऐ - द्राज़ की इस
ढलती शाम में उदास पल भी हुआ करते हैं,
ये दिलकश मैना के वो सुनहरे मीठे बोल सुनने की चाह
अरविंद को हताश और गमगीन बना देते हैं

हमें अंदाज़ा नहीं था
ये हरी घास का मैदान भी
अरविंद मायूस और अफ्सुर्दा हो जाएगा,
उस शबनमी तब्बसुम का एहसास लिए
मसरूफ है ये ज़िंदगी अपनी नज़ाकत में ही,

हमें अंदाज़ा नहीं था
ऐ मेरी ज़िंदगी के चंद सतरंगी खूबसूरत लम्हों,
हसरत भरी ये जीने की तमन्ना ना जाने कब
अरविंद को माहजबीन आशनां से दीदार करायेगी।

Enter Caption

शोख जज़्बाती एहसास

अध्याय 8

O those few adorable and mesmerising moments of my life, I look out in search of u here and there,
Arvind didn't ever know
u accepted wanted me to know u had a lots of care in ur heart for me,
O those few beautiful n memorable treasures of my life,
Is it really me ?
For the years I've been trying to digest the whole perspective,
then Arvind in the flight of fancy dreams looks amazingly indebted to dear life, O my dear friend,
the blessed luck has been heaven - sent and of course u realised it very late,
but O those few beautiful n memorable treasures of my life,
I know that it's not me, for Arvind isn't that lucky guy as the dreams have never been kind enough to me,
not even listen to what I have to say.

शोख जज़्बाती एहसास

What to do with the crazy mind
O my dear life, we really took and consumed a lot of time,
as with the alluring n beautiful moments in mind, let me owe it to u, O my dear life,
With the fading lights of the dreamy life, the shades of Arvind now being shrinking, with a shaky n fragile body of weak bones,
a tired and exhausted mind telling me all the time about the ultimate of my life,
but yes of course having a young heart,
still recollecting the youth and identifying those few beautiful n melodious moments,
O my life.

अध्याय 9

ऐ मेरी ज़िन्दगी के चन्द खूबसूरत ल्महों, शाम होती जा रही बहुत देर हो चली है अब,
ऐ ज़िन्दगी, अब तो मेरे जनून - ऐ - इन्तिहाई एहसास को वापिस लौटा दो,
अब तो अंधेरा भी धीरे - धीरे घना होता जा रहा,
गर तुम चाहो तो इस ज़िन्दगी में नूर - ऐ - आफरीन का दिया जलाकर अरविंद रोशन - ऐ - नवाज़िश बना दो ।
शिकवे तो बहुत हैं तुझसे ऐ मेरी ज़िन्दगी, बस अरविंद के लब पर आ नहीं पाते हैं,
पहले भी यही वजह - ऐ - कमज़ोरी थी हमारी जो हमें एहसासों को जतलाना ना आया,
और कुछ वक्त - ऐ - सूरतहाल के बदलते हालातों की वजह से
हमें अपने जज़्बातों को ज़ुबां - ऐ - लब पर लाना ना आया,
इतना भी ना कह सके हम इस गुलज़ार ज़िन्दगी से - अब तो मेरे जनून - ऐ - इन्तिहाई एहसासों को मुझे वापिस लौटा दो ।
हम अब तल्क बिल्कुल भी नही बदले हैं, ऐ ज़िन्दगी,
दुनियाँ के इस शोर में अपनी ज़िन्दगी को क्यूँ वजह - ऐ - कमज़ोरी समझ बैठे हम,
क्यूँ ये रुख्सार - ऐ - गुलज़ार ज़िन्दगी हम पर एक बार भी एतबार ना कर पायी,

मौत की दहलीज़ पर पहुँच कर भी ये निशान-ऐ - ज़ख्म हर दम एक चुभता हुआ कांटा बन कर हर पल मुझे तड़पायेगा ।

अब और कितना सब्र करे अरविंद, अब तो बस बार - बार मैं यही दोहराता हूँ,

मेरे जनून - ऐ - इन्तिहाई नूर - ऐ - ख्वाबिदा एहसासों को वापिस लौटा दो,

ऐ ज़िन्दगी, मेरे जनून - ऐ - इन्तिहाई एहसास बस इक बार मुझे वापिस लौटा दो ॥

अध्याय 10

ज़िंदगी क्या है - कोई कहता
ये आग, समुद्र, दरिया है,
कोई कहता ये जलज़ला है
दुनियां के आंधी, तूफान और भूकंप का,
कोई कहता ये दुनियां तो बस इक मंज़र है,
इक सपना है, पलक झपकते ही टूट जाता है,
कोई कहता ये दुनियां तो उस शहंशाह - ऐ - रब
की आन - बान और शान है,
ये इस रब की बसायी हुई छोटी सी इक बस्ती है।

जब पूछा हमसे तो हम तो बस इतना ही कहें,
हाँ, ये दुनियां उस शहंशाह - ऐ - रब की
बसायी हुई छोटी सी इक बस्ती है,
हर इंसान का मकसद भी है ये,
ये सतरंगी बस्ती इक आग का दरिया है,
पार करके इसे आगे बढ़ जाना हैं,
कितनी नाज़ुक, कितनी चुलबुली, ये शोख आग है,
पूरी तरह से झुलसने के बावजूद भी
अरविंद बस शिद्दत से एक ही बात दोहराता है,
ऐ दोस्त, ये आग बुझने मत देना ॥

शोख़ जज़्बाती एहसास

Enter Caption

अध्याय 11

शोख जज़्बाती एहसास

ज़िंदगी, तू इक अबूझ पहेली है, ऐसा लगता है ये तो इक इश्क का दरिया है,
बस डुबकी लगाते जाना है इसमें बार - बार,
जैसे हिरण कस्तूरी की तलाश में भटकता फिरता है यहाँ वहाँ,
नहीं जानता कि यह कस्तूरी तो इसकी अपनी ही नाभि में है,
इसी तरह जिन लम्हों ने इंसान को दी ठोकर, उन्हीं चंद पलों की तलाश में क्यूँ रहता है अरविंद।

मैं भी ज़िंदगी के इस दरिया में गोते खाता चला गया अनचाही खुशी की तलाश में,
तैरने से जो हासिल हुई खुशी, उस तरफ एक बार भी तो नहीं दिया ध्यान,
ज़िंदगी की खुशी का ये फैला हुआ समुद्र तो यहीं मेरे पास है,
फिर क्यूँ मैं भटका यहाँ वहाँ।

जिसने लुटा दिया अपने आप को इस बंजर ज़मीन को हरा - भरा करने में ही, फिर भी इसकी कद्र नहीं,
अब क्या कहिये ऐसे इंसान को, ये तो हद है बेगैरत पन की ही,
ये तो इक कशिश है, ज़िंदगी का ये बेनूर नज़रिया सामने होते हुए भी क्यूँ दिखाई ना दिया।

देर से ही सही लेकिन अरविंद खुशी है कि हिरण को कस्तूरी का पता चल ही गया,
अब ये आगे - पीछे यहाँ - वहाँ कभी ना भटकेगा,
ज़िंदगी का नाम ही अपने आप में इक इश्क का दरिया है, बस डुबकी लगानी है इसमें बार - बार ॥

Enter Caption

अरविंद

अध्याय 12

O those few beautiful n adorable moments of my life,
Arvind owes it to my intuition,
it whisperes in my heart and mind - those few beautiful moments of my life haven't forgotten me even today, even for a while.

although certain dignified affections aren't replaceable,
the flame 🔥 of passionate intensity brings me more close to the charming and elegant melodious life.

My life and me both miss the intensity of the melody of those mystique and cheerful moments,
My life and me both have a strong mutual empathy which is distinctive in itself.

the passionate light of delightful finesse always has a fiery blazing flame,
the stunning reverberating vibrantions of life still stir the warmth craze of Arvind's desires with irresistible cool and chill comfort.

Thoughy my life has always been a classy, charismatic glam of stylish thrill,
it has always been kind and generous forever to me,
O dear life, of course you're really so but why tantalising to Arvind.

Enter Caption

शोख जज़्बाती एहसास

अध्याय 13

ऐ मेरी ज़िंदगी के चंद दिलकश खूबसूरत लम्हों,
आज फिर से वही बरसों पुराना मेला क्यूँ है लगा हुआ,
आज ही के दिन वो नफीस ? ज़िंदगी के मधुर संगीतमय
पल ना जाने कहाँ खो गए कहीं,
क्यूँ तसल्लियों ने की साज़िश और हम पर ज़ख्मों की
बौछार करते चले गए,
ऐसा ही तो ये वक्त था, ऐसा ही कुछ पलों का ये मुकाम
था,
वो नाज़ुक नवाज़िश पल क्यूँ दूर होते चले गए,
जैसे रेत फिसलती जाती है हाथों से ।
आज जब ज़िक्र होता है गुज़रे हुए ज़माने का,
क्यूँ हम बेवजह ही ज़िंदगी को गुनहगार कह जाते हैं,
बेशक वक्त - ऐ - हालात और कुव्वत - ऐ - अमल
सूरतेहाल में हम खुद ही तो अपने - आप से उलझे हुए थे,
अरविंद यहाँ खुद ही कसूरवार रहा क्योंकि यह अरविंद
था,
इसमें इस नासाज़ ज़िंदगी का तो कोई दोष नहीं,
तभी तो इस दिलकश खूबसूरत ज़िंदगी के चंद नफीस
लम्हों को हर वक्त मुबारक देते हैं हम ।
आज मन के किसी कोने में इक ख़लिश है, अरविंद को ये
परेशान कर जाती है,
ज़िंदगी ने जो दूरी बनाये रखी हमसे, बड़े ही खलूस से
कबूल फरमाया हमने,

ऐ शिद्दत - ऐ - नूर ज़िंदगी, कब से नाता तोड़ दिया था
तूने हमसे,
लेकिन ना जाने क्यूँ अरविंद ये जज़्बा - ऐ - एहसास का
रिश्ता क्यूँ निभाता चला गया,
शायद इस उम्मीद में कि कभी तो अनसुनी एक बात लबों
पर थी जो बरसों से,
एक बार ज़रूर सुनेगी ये आफरीन मुर्शिद ज़िंदगी,
बस इसी एक उम्मीद में अरविंद ज़िंदगी का साथ निभाता
चला गया ॥

अध्याय 14

The life of this beautiful bird ? is something special which inspires me a lot,
its melodious songs have always infused a sense of belongingness,
its nice glam has made me feel a wonderful atmosphere all around me,
its emotional chords make me feel like swizzled even without a mixed alcoholic drink.
The elegant honey bird always stirs my heart ♥ and soul,
every time I wanna have a good time with this pretty beautiful n precious bird,
I'm illusioned by the mystique and cheerful bird each time,
but now, it has been a long time I haven't heard the melodious songs from this beautiful bird.
O dear beautiful ? , what to say about ur charming beauty,
Sometimes you look like a blonde black cat twinkling behind the scenic beauty of snow everywhere,
Many a times Arvind thinks about the

शोख जज़्बाती एहसास

comparison of BLACT CAT with that of mystique bird,
Each time I've come to the conclusion that everything is possible,
So dear beautiful bird, it's not a surprise for me,
The BLACK CAT ? & the beautiful bird ? is the name of the mesmerising life.
At this dusk age of evening,
Arvind still craves for the melody of life,
But O dear beautiful n melodious bird, why's Arvind betrayed by the elegant and graceful life,
it pains me every time I find u surrounded by the radiance circumstances, time being the horrible force,
Every time Arvind tries to pacify my emotions, my mind,
the magic of this charming crackling passionate life makes me feel energetic every time,
So always be happy and healthy,
you gracious life,
O dear adorable bird, O dear life.

अध्याय 15

O those few beautiful adorable moments of my life, you're so calm and gracious,
why am I too crazy about you,
You're a nice pretty, generous glam,
why it's that I have always been desirous of those freaked out moments.
O dear life, the feeling of your soft and delicate touch makes me alive and responsive,
why am I emotional and passionate like a bird.
the melody ? of this beautiful bird ? is still refreshed in my heart and mind ,
I search here and there but can't find it anywhere.
Now why in the evening of my life, I still have the spark to have a nice conversation with the alluring beautiful bird ?.
why I've the craving for listening to the melodious song of this mystique attractive bird,
Sometimes the thought comes into Arvind's mind whether the old times were just the rold gold.
whether those few adorable moments of my life were just only the companion of exceptional

obsession.
whether the broad emotional eyes filled with moist were artistically awkward and terrible vibes,
but I know it's not so, it can't never be so.
O dear life, Arvind knows everything but is bound by life's code of conduct - dignity, decorum and honour.

अध्याय 16

चोट लगी तो घायल हुए हम,
लेकिन कुछ भी तो ना समझ सके हम,
शायद हम ही थे मदमस्त जीवन की रवानी में,
अच्छा ही हुआ जो हम टूट गये,
अच्छा ही किया जो वक्त - ऐ - हालात ने किया,
उम्र - ऐ - द्राज़ के इस ढलान -ऐ - सफ़र की शाम में
जब अरविंद नींद टूटी तो बिखरे पड़े थे ख्वाब,
अब तो ये दर्द बर्दाश्त कहाँ है,
आज भी लगता है कि दर्द देने वाला
पास होते हुए भी ना जाने क्यूँ हुआ दूर है,
ऐ माहजबीन ज़िंदगी, आज फिर से इक साज़ सुना जाना,
इन नफीज़ पाकीज़ा उँगलियों से संगीत की वही मधुर धुन
सुना जाना,
मेरे बिखरे ख्वाबों को समेट कर आज इनको आगोश में
बसा जाना ।

अध्याय 17

वो भी क्या दिन थे, वो मस्त बचपन का लड़कपन,
वो धमाचौकड़ी करना, वो उछलकूद मचाना,
वो गलियों में भाग कर एक दूजे को पकड़ना,
वो तोता उड़, मैना उड़ के खेल में वो नटखट भोला लड़कपन ,
स्कूल में एक नंबर कम आने पर परेशान हो जाना,
वो बागों में मस्त हो कर पेड़ों पर चड़ जाना,
मौसम आने पर पतंग को दूर आसमान में उड़ाना,
कुछ भी नहीं भूला हूँ मैं, अरविंद सब कुछ तो याद है मुझे ।
मौसम बदला, समय बदला,
बदले वक्त के साथ लिखी पड़ी हमने भी इक नईं कहानी,
ये ऋत् बड़ी अलबेली बड़ी मस्तानी सी,
ये नूर - ऐ - आफताब ज़िंदगी की रवानी बड़ी मुकद्दस बड़ी रूहानी सी,
वो दिलकश दिलदार दोस्तों का संग,
वो रूठना और मनाना,
वो बंक मार कर पिक्चर पहला दिन पहला शो देखना,
वो दोस्तों संग 360 में लिमका भरी गप्पें,
कुछ भी नहीं भूला हूँ मैं, अरविंद सब कुछ तो याद है मुझे ।
वक्त - ऐ - हालात की आंधी में आज हम सब खो हुए हैं यहाँ - वहाँ,

अरविंद

वो जो दोस्ती का इक अपना ही टशन था,
वो जो इक जलवा लाजवाब था,
वो जो इक भरोसा, वो इक सुंदर एतमाद था,
वो जो सफर बेशक चंद ल्महों का, लेकिन नूर इसमे छलकता कोहिनूर सा था,
एक झटके से सब बिखरा यहाँ - वहाँ,
वो सुहाने पल जिन पर रश्क है मुझे,
मुझसे भी ज़्यादा आज वक्त - ऐ - हालात के हाथों दोस्त मेरे लाचार हैं,
आज लफ़्ज़ भी हैं तन्हा, कुछ भी कहने सुनने को हुए हैं बेबस,
ये बेबसी अक्सर मेरी हमराज़ है,
आज ज़िंदगी में आया ये कैसा दस्तूर है, आज दोस्त को दोस्त कहने बुलाने से भी हुए माज़ूर हैं ।
वो चंद दिलकश माहताब जवानी के किस्से,
वो मदमस्त मोजों की रवानी,
जैसे बहती हो नदी कल - कल करते हुई दीवानी,
ये ख्याल मेरे इस तरह से अपने हुनर से समाँ बाँध लेते हैं,
जैसे आमने - सामने हों दीदार - ऐ - गुफ़्तगू में खोये हुए, इस कदर गज़ब से,
अब तो बस जैसे ख्यालों में ही ज़िंदगी गुज़ार दें,
ऐ ज़िंदगी, ऐ मेरे दोस्त, सब कुछ तो याद है मुझे,
यही तो इक तेरे रूहानियत से भरे अक्स की दास्तान है,
सब कुछ तो याद है मुझे अरविंद, कुछ नही, कुछ भी तो नहीं भूला हूँ मैं ॥

अध्याय 18

ये मौसम, ये बहारें फिर से बदल जाएं
ग़र ये मेरी ज़िंदगी के चंद खूबसूरत दिलकश लम्हें वापिस
मुझे मिल जाएं,
बस इक बार यूँ हीं राह में चलते - चलते ।
सारी दुनिया - ये धरती, ये फूल - औ - नज़ारे, ये हसीं
चाँद और तारे,
एक बार फिर से यूँ खिल जाएं
ग़र ये मेरी ज़िंदगी के चंद खूबसूरत दिलकश लम्हें वापिस
मुझे मिल जाएं,
बस इक बार यूँ हीं राह में चलते - चलते ।
य़ादों के रिश्ते हैं ये अनमोल,
कोई याद करे या ना करे, चाहत बस यूँ ही बनी रहे,
ग़र ये मेरी ज़िंदगी के चंद खूबसूरत दिलकश लम्हें वापिस
मुझे मिल जाएं,
बस इक बार यूँ हीं राह में चलते - चलते ।
ये सारा जहाँ इक बार फिर से रौशन हो जाए,
पँछी आसमान में गीत ख़ुशी के गाएं,
अरविंद ग़र ये मेरी ज़िंदगी के चंद खूबसूरत दिलकश लम्हें
वापिस मुझे मिल जाएं,
बस इक बार यूँ हीं राह में चलते - चलते ।
वक्त का साया तेज़ी से बढ़ता जा रहा,
रोशनाई से हर पल दूर होता जाता है ये,
कभी लगता रोशन तो कभी अंधेरा बड़ाता ज़ाता है य़े,

अरविंद ग़र ये मेरी ज़िंदगी के चंद खूबसूरत दिलकश
लम्हात वापिस मुझे मिल जाएं,
बस इक बार यूँ हीं राह में चलते - चलते ॥

अध्याय 19

साल दर साल उम्र बड़ती जाती है तो क्या हुआ, बूढ़ा नहीं हुआ हूँ मैं,

वक्त - ऐ - हालात से मजबूर हुआ हूँ मैं तो क्या हुआ, बूढ़ा नहीं हुआ हूँ मैं,

जिस्म में अब पहले जैसी फुर्ती नहीं रही तो क्या हुआ, बूढ़ा नहीं हूँ मैं,

शरीर में अब कुछ झुर्रियाँ सी आ गयी हैं तो क्या हुआ, बूढ़ा नहीं हुआ हूँ मैं,

सर के बाल सफेद हुए तो क्या, रंग लगा लो हसरतें बनी रहने दो, पर बूढ़ा नहीं हूँ मैं,

अब कुछ लोग यूँ हमसे कतराने लगें तो क्या हुआ, बूढ़ा नहीं हुआ हूँ मैं,

कभी - कभी ज़िंदगी के कुछ लम्हों को भूल जाता हूँ मैं तो क्या हुआ, इसका मतलब यह तो नहीं कि बूढ़ा हुआ हूँ मैं,

यादाश्त में बस मामूली सी कमी आयी है ये तो कोई बड़ी बात नहीं, दोस्तों बूढ़ा नहीं हुआ हूँ मैं,

वक्त - ऐ - हालात से ज़रा मजबूर हुआ हूँ मैं तो क्या हुआ, बूढ़ा नहीं हुआ हूँ मैं,

बच्चे भी अब कभी - कभी बात - बात में समझा देते हैं कि मैं पुराने ज़माने का हूँ, तो क्या हुआ, बूढ़ा नहीं हुआ हूँ मैं,

भैया तक तो ठीक था अब बच्चों में कुछ शरारती तत्व अंकल कह कर बुलाते हैं मुझे अरविंद, लेकिन बूढ़ा नहीं हूँ

अरविंद

मैं,
पत्नी के सर पर काले बाल और मेरे सर पर सफ़ेद बालों
का राज, तो क्या हुआ लेकिन बूढ़ा नहीं हूँ मैं,
अब कुछ बच्चे लोग पैर छूकर आशीर्वाद के लिए आते हैं
तो रोक नहीं सकता उनको मैं, लेकिन बूढ़ा नहीं हूँ मैं,
बच्चे जो थे कल छोटे से आज कद में मेरे बराबर हैं वो,
आज जब कहते हैं पापा आपको कुछ नहीं पता, अब आप
हो गए हैं बूढ़े, मैं सोच में पड़ जाता हूँ,
गर मैं बूढ़ा हो गया हूँ तो फिर इस दुनियाँ में और भी तो
लोग बूढ़े हो गए होंगें, लेकिन हाँ.. नाँ... नहीं अभी बूढ़ा
नहीं हूँ मैं ।

अध्याय 20

ना जाने क्यों कभी - कभी, बस यूँ ही कभी - कभी, ये मन बेबस हो जाता है,
उम्र - ऐ - द्राज़ के इस ढलान - ऐ - सफर की शाम में ये खुद से ही क्यूँ ऊलझ जाता है,
वक्त - ऐ - हालात के ऊँचे - नीचे, पथरीले - खुरदरे रास्तों से जब मिलती हैं ठोकरें तो अरविंद उस चट्टान से टकराकर खुद ही घायल हुआ जाता है,
ना जाने क्यों कभी - कभी, बस यूँ ही कभी - कभी, ये मन में इक ख्याल आ जाता है।

उस चट्टान को भी तो चोट लगी होगी, बस यही सोच कर ये घायल मन घबरा जाता है,
इसमें वक्त - ऐ - हालात का तो कोई भी कसूर ना था, चट्टान से टकराना शायद हमारा ही कसूर था,
नहीं मिल पाते जवाब जब उस खुदा की खुदाई से तो खुद को ही गुनहगार साबित कर जाता हूँ मैं,
ना जाने क्यों कभी - कभी, बस यूँ ही कभी - कभी, अरविंद ये मन बेबस हो जाता है।

दे लेते हैं दिलासा हम खुद को अरविंद ये वक्त हर बार दगा दे जाता है,
ज़िंदगी को समझा था रस्मों में हमने लेकिन ये तो हमें उलझा कर ही मानेगी,
सूर्य की रोशनी जैसे ऊर्जा भर देती है इंसान के रोम - रोम में, वैसे ही कोई तो है ज़िसे ढूँढते रहे हम ज़िंदगी भर बस यहाँ - वहाँ,
ना जाने क्यों कभी - कभी, बस यूँ ही कभी - कभी, ये मन बेबस हो जाता है, यूँ ही मन में इक ख्याल आ जाता है ।।

Enter Caption

शोख जज़्बाती एहसास

अध्याय 21

वक्त का पहिया चलता जाए, चाल अपनी मस्तानी सी,
इंसान तो संभल ना पाता है, खुद को वो साहिल के करीब पाता है,
ज़िंदगी के भूले - बिसरे लम्हें तब ज़हन में हर पल घूमते हैं,
जैसे घड़ी की सुईं हो हर पल दस्तक देती हुई,
जैसे कुछ खट्टी, कुछ मीठी य़ादों का कारवाँ हर पल हो साथ चलता हुआ,
जैसे कहीं कोई दू....... र से हो इक आहट करता हुआ।

यही अनमोल यादों का खजाना है मेरी कहानी,
ज़िसे कहता है अरविंद खुद अपनी ही ज़ुबानी,
मानो तो ये है रूह - ऐ - एहसास,
ना मानो तो ये है इक खेल, बस एक नाज़ुक लम्हे की रवानी,
लेकिन ऐ ज़िंदगी, तू कोई खेल नहीं,
ये तो अनमोल बिखरे मोती हैं, ताबीर हैं जो रूहानियत की,
जुस्तजू-ऐ - खलिश थी जिसकी, वही ख्वाबिदा सकूँ की नवाज़िश तामीर है तू,
यही तो है वो इनायत वक्त का पहिया जो मुस्लसल आफरीन का मुन्तिज़र है,
अरविंद को क्यूँ है ऐसा लगता जैसे मंज़िल हो करीब यहीं कहीं ||

Enter Caption

अध्याय 22

The trick has been brilliantly played by those
few beautiful n melodious moments of my life,
No promises, no privilges, and even no
obligations,
O those crazy moments of my life,
Arvind cherishes those flash twinkling of
decency and liberty
with pretty gorgeous style.

It's not often that one finds the juncture so
often prominent in the life,
No matter even if I fall thousand times,
I'll still try it eagerly every day,
each day and night.

O dear majestic n melodious life, If you couldn't
understand me,
No issue, but don't be so rude, the materialistic
world isn't everything,
the trick played with my soul n mind are really
amazing n awesome,
No promises, no privilges, and even no
obligations,
Ohhh...those crazy moments of my life.

शोख जज़्बाती एहसास

Enter Caption

www.ingramcontent.com/pod-product-compliance
Lightning Source LLC
LaVergne TN
LVHW042004060526
838200LV00041B/1861